D' F. JOUSSEAULME

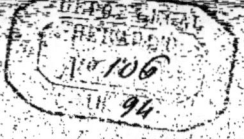

UN VOYAGE
DE
PÈLERINS ALGÉRIENS
A LA MECQUE

QUELQUES CONSIDÉRATIONS

SUR L'APPLICATION

DES MESURES SANITAIRES INTERNATIONALES

DANS LA MER ROUGE

MONTPELLIER
IMPRIMERIE CENTRALE DU MIDI
(HAMELIN FRÈRES)
—
1894

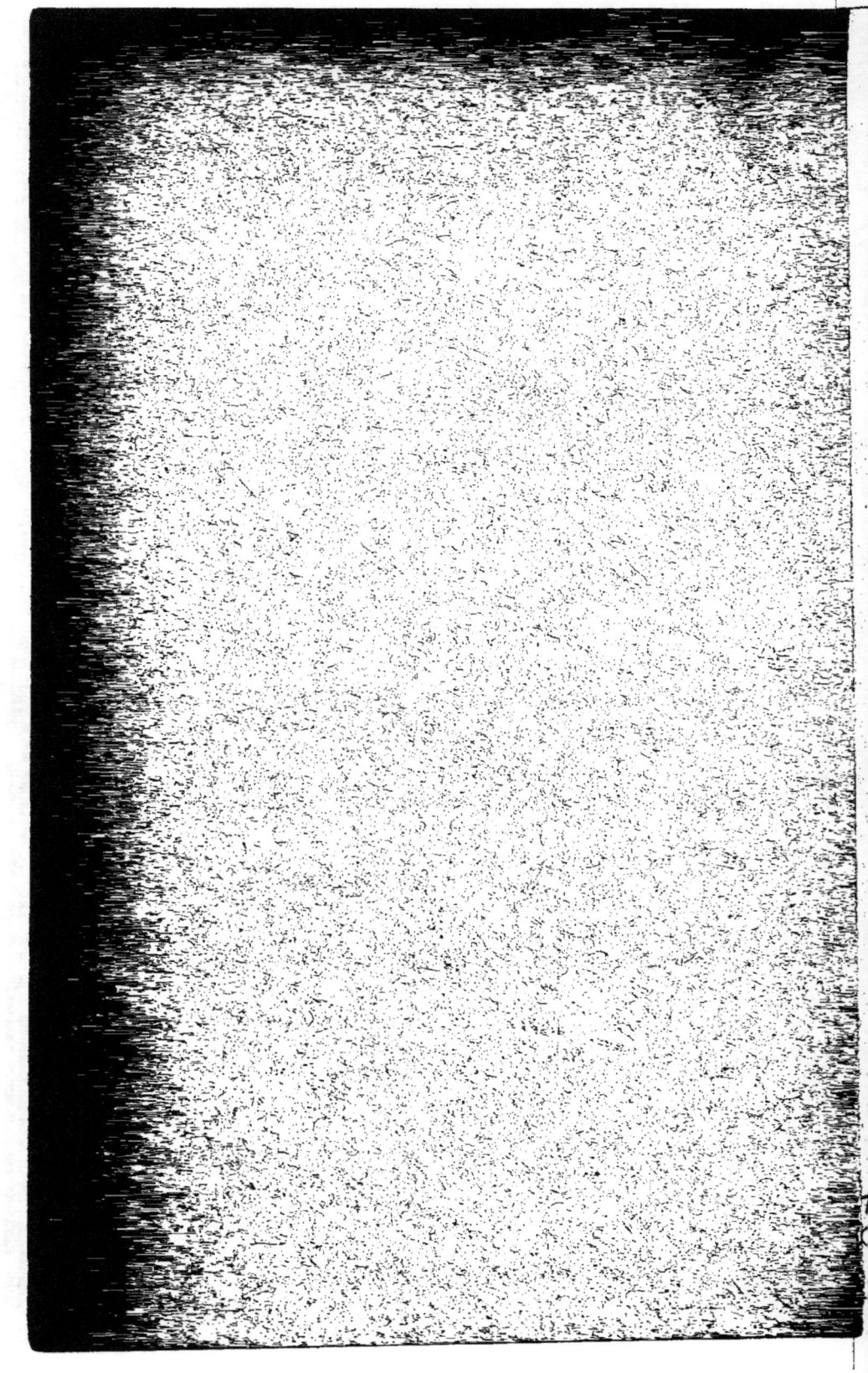

UN VOYAGE
DE
PÈLERINS ALGÉRIENS
A LA MECQUE

QUELQUES CONSIDÉRATIONS

SUR L'APPLICATION

DES MESURES SANITAIRES INTERNATIONALES

DANS LA MER ROUGE

PAR

Ferdinand JOUSSEAULME

DOCTEUR EN MÉDECINE

Commissionné sur le « Gergovia » pour le pèlerinage de 1893
Médaille d'or du Ministère des Affaires étrangères
(Épidémie cholérique du Hedjaz, 1893)

MONTPELLIER
IMPRIMERIE CENTRALE DU MIDI
(HAMELIN FRÈRES)

1894

A MA MÈRE

F. JOUSSEAULME.

A LA MÉMOIRE DE MON PÈRE

A LA MÉMOIRE DE MON BEAU-PÈRE

MONSIEUR ERNEST CHABANNE

A MA GRAND'MÈRE

A MON FRÈRE

F. JOUSSEAULME.

A MES PARENTS

A MON EXCELLENTE AMIE

MADAME Vve ORDRONNEAU

A MES AMIS

F. JOUSSEAULME.

A MON PRÉSIDENT DE THÈSE

MONSIEUR LE PROFESSEUR CARRIEU

Professeur de Clinique médicale

F. JOUSSEAULME.

A MES MAITRES

DE LA MARINE

ET

DE LA FACULTÉ DE MÉDECINE DE MONTPELLIER

A MON AMI

LE DOCTEUR FERDINAND MORGUE

Médecin de la marine

F. JOUSSEAULME.

AVANT-PROPOS

Nous avons eu l'occasion d'accomplir, l'année dernière, un voyage dans la mer Rouge, en qualité de médecin commissionné par le gouvernement, à bord d'un navire transportant des pèlerins algériens à la Mecque. L'épidémie de choléra qui, en 1893, a sévi d'une façon si meurtrière sur les fidèles musulmans réunis au Hedjaz, nous a mis à même d'étudier sur place l'effet des mesures prises pour enrayer les progrès du fléau, et surtout pour opposer à son entrée dans la Méditerranée une barrière infranchissable. Le spectacle de toutes les misères qu'endurèrent les pèlerins, la mortalité énorme qui pesa sur eux pendant ce pénible voyage, nous ont profondément frappé, et nous avons dès lors songé à choisir le récit de cette traversée comme sujet de notre thèse inaugurale.

En présentant à nos Juges ce modeste travail, nous n'avons pas la prétention de faire une étude complète et détaillée de toutes les mesures prises par les diverses conférences internationales qui se sont occupées de cette question des pèlerinages, question dont l'intérêt et l'importance capitale pour l'Europe entière ne saurait échapper à personne. Nous avons voulu seulement raconter ce que nous avons vu, et donner une idée générale des conditions dans lesquelles se trouve le pèlerin à son départ, pendant la traversée et durant son séjour au Hedjaz, en y ajoutant notre appréciation personnelle sur l'efficacité des mesures édictées jusqu'ici.

Avant d'entrer en matière, nous tenons à remercier nos Maîtres des Écoles de médecine navale et de la Faculté de médecine de Montpellier pour la bienveillance qu'ils nous ont toujours témoignée.

Que M. le professeur Carrieu, en particulier, veuille bien agréer l'expression de toute notre gratitude pour l'honneur qu'il nous fait en acceptant la présidence de cette thèse.

UN VOYAGE
DE
PÈLERINS ALGÉRIENS
A LA MECQUE

QUELQUES CONSIDÉRATIONS
SUR L'APPLICATION
DES MESURES SANITAIRES INTERNATIONALES
DANS LA MER ROUGE

CHAPITRE I

DE L'ALGÉRIE AU HEDJAZ

I

Le navire

Le « Gergovia » est un navire d'environ 2,000 tonnes, appartenant à la Compagnie Cyprien Fabre et Cie de Marseille. Affecté ordinairement au transport des émigrants d'Italie en Amérique, il est construit tout en fer et divisé en sept compartiments dont quatre à l'avant et trois à l'arrière. Au milieu se trouve le château, qui contient les machines, la cuisine et les cabines des officiers. A l'avant, sous le gaillard, se trouve le poste de l'équipage et la pharmacie. A l'arrière, est la dunette, sous laquelle on trouve les cabines de 1re classe, ainsi que le salon et la cabine du capitaine.

Les compartiments que devaient occuper les passagers étaient placés sur deux plans superposés : le premier, directement sous le pont, comprenait les *spardecks*, qui recevaient l'air et la lumière par de larges panneaux et par des hublots placés de chaque côté du navire ; le deuxième plan, composé par les faux-ponts, était situé sous les spardecks, avec lesquels il communiquait par des panneaux qui servaient également à l'aération. Celle-ci était en outre assurée par des manches à air en toile, au nombre de deux par panneau. Ces manches à air, dont la bouche s'ouvrait à une quinzaine de mètres au-dessus du pont, établissaient un mouvement d'air continuel qui rendait très habitables ces compartiments moins bien partagés que les spardecks

A l'avant du navire, sous le pont, un espace, suffisamment grand pour contenir une trentaine de malades, avait été séparé du reste du compartiment par une cloison en planches : c'était l'hôpital du bord. Les services qu'il a rendus ont été à peu près nuls, l'aération n'étant pas suffisante. Nous dirons plus loin l'installation qui nous paraît la plus convenable pour un hôpital de ce genre.

De chaque côté du navire, près de la machine et du logement des officiers du bord, se trouvaient les lieux d'aisance. L'installation, bonne pour des émigrants européens, était absolument défectueuse pour des passagers arabes dont la propreté laisse beaucoup à désirer. Ils avaient encore l'inconvénient très grand de se trouver sous les coursives, passage le plus fréquenté du navire, et à proximité de la cuisine et de la boulangerie. Pendant tout le séjour des pèlerins à bord, ils étaient constamment arrosés par l'eau de la machine ; de plus, deux fois par jour, on y jetait une solution phéniquée très forte ainsi que du chlorure de chaux.

Le bord avait une pharmacie assez vaste servant aussi de chambre de consultation. Placée sur le pont, à l'avant, et exposée au soleil, son seul défaut était d'être transformée en étuve pendant la plus grande partie de la journée. Cette pharmacie était abondamment pourvue de médicaments de toutes sortes dont la nomenclature avait été soumise à l'approbation de la Santé d'Alger.

Les désinfectants se trouvaient à bord en grande quantité : chlorure de chaux, soufre, bichlorure de mercure, acide phénique cristallisé, sulfates de fer et de cuivre. Enfin nous avions une étuve à désinfection, système Geneste et Herscher, n° 2, que nous n'avions guère l'occasion ou plutôt la possibilité d'utiliser.

L'alimentation des passagers, que nous devions nourrir au retour seulement, était assurée par une grande quantité de denrées, dont la liste avait été fournie par le gouvernement général de l'Algérie. Ces denrées, acceptées par une commission spéciale, étaient d'excellente qualité, et les passagers ne s'en sont jamais plaints. Les ballasts du «Gergovia» contenaient plus de 400 tonnes d'eau potable embarquée à Alger et dont la qualité ne s'est jamais démentie pendant toute la durée du voyage.

Tel était au départ l'état du navire qui devait transporter environ 1,500 pèlerins. Nous ne nous sommes pas trop arrêté sur les défectuosités de son installation pour le service auquel il était destiné. Cela sera compris dans la dernière partie de ce travail, quand nous exposerons les modifications que nous voudrions voir apporter aux services des pèlerinages et que nous étudierons les moyens les plus propres à les rendre autant que possible inoffensifs, tant pour les pèlerins eux-mêmes que pour leurs pays d'origine et pour l'Europe.

II

Les pèlerins

Le « Gergovia » emportait 1,549 passagers, dont 70 femmes et une trentaine d'enfants au-dessous de dix ans. Tous ces passagers, heureux de pouvoir accomplir le pèlerinage prescrit par le Coran, étaient dans un état de santé satisfaisant. En qualité de médecin commissionné, nous les avions examinés un par un pendant l'embarquement, opération assez longue par suite de la vérification de leurs passeports, et nous n'avions jugé à propos d'en refuser aucun.

Il ne s'ensuit pas que tous fussent robustes. Au contraire, un grand nombre étaient déjà assez avancés en âge, et leur décrépitude pouvait faire préjuger qu'ils avaient bien des chances pour ne pas revenir, et qu'ils seraient une proie facile pour une épidémie cholérique. Sans compter que les fatigues seules de ce pénible voyage suffisent à expliquer la grande mortalité que ces pèlerinages présentent toujours.

D'ailleurs, notre rôle ne consistait qu'à éliminer ceux qui auraient pu présenter des symptômes de maladies contagieuses et dont la présence à bord aurait été un danger pour les autres passagers.

Nous avons constaté, après le départ, beaucoup de bronchites, surtout parmi ceux que nous avions embarqués à Philippeville. Depuis plusieurs jours, ils étaient campés sur les terrains qui entourent le port et que des pluies récentes et abondantes avaient transformés en véritables marais.

Nous avons décrit plus haut l'espace que devaient occuper les pèlerins. D'après les instructions que nous avions reçues, le pont du navire devait rester complètement libre et être utilisé pour la promenade des passagers. Il fut impossible de se conformer à ces prescriptions. Le pont fut toujours la partie la plus encombrée, et cela se comprend très bien, si l'on considère les températures élevées que nous avons eu à supporter pendant la traversée.

Une autre raison suffirait à elle seule pour expliquer l'encombrement du pont, et l'impossibilité de l'empêcher : c'est le très grand nombre des passagers et la difficulté qu'on éprouve à les loger. La surface que doit occuper chaque individu est fixée à 1 mètre carré. C'est sur cette base que l'on a mesuré le « Gergovia » pour 1,500 pèlerins. C'est insuffisant et de beaucoup ; car le pèlerin, comme nous l'avons déjà dit, se nourrit lui-même pendant le voyage d'aller. Il faut donc qu'il garde avec lui ses provisions et ses ustensiles de cuisine, et tout cela tient de la place.

D'ailleurs est-il logique qu'un navire qui est autorisé à transporter au maximum 900 émigrants italiens en Amérique, soit jugé suffisant pour transporter 1,500 Arabes ? Si l'on compare les conditions hygiéniques et sanitaires des émigrants et celles des pèlerins, on voit que ces derniers sont désavantagés sous tous les rapports. Le contraste est d'autant plus singulier que les émigrants n'ont en somme qu'un court voyage à faire, et ne sont pas exposés à toutes les fatigues qu'endure un pèlerin pendant son voyage par terre au Hedjaz. L'émigrant est toujours embarqué sain à bord du navire, tandis qu'au retour le pèlerin embarquera malade au moins de fatigue, sinon de maladies épidémiques.

Nous reviendrons sur cette question si intéressante de l'encombrement à bord des navires à pèlerins, et nous montrerons son influence funeste sur la santé générale à bord.

Avant l'embarquement, et sur l'ordre de M. le Directeur de la Santé, à Alger, toutes les couchettes avaient été enlevées, chaque pèlerin emportant sa natte et préférant de beaucoup s'étendre dessus que de coucher dans un lit. Cette mesure, qui présentait de grands avantages à certains points de vue, avait aussi quelques inconvénients et non des moindres.

D'abord l'irrégularité même de la natte, la façon particulière dont chaque passager la disposait, la plaçant à sa fantaisie, diminuaient beaucoup l'espace disponible. Il faut, d'ailleurs, avoir vu l'Arabe en voyage, pour se faire une idée du sans-gêne avec lequel il prend ses aises, et de la force d'inertie qu'il déploie quand on veut le faire rentrer dans les limites de l'espace qu'il doit occuper. Nous avons vu un compartiment, destiné à contenir une centaine de passagers, littéralement encombré par les cinq ou six premiers arrivés, qui, une fois installés, refusaient absolument de recevoir les retardataires, faute de place, disaient-ils.

Si les couchettes n'avaient pas été supprimées, elles auraient nettement délimité l'espace réservé à chacun, et les contestations auraient ainsi été évitées.

De plus, l'Arabe emporte sa natte partout avec lui; elle a fait, elle aussi, tout le pèlerinage et est depuis longtemps contaminée quand arrive l'embarquement pour le retour. Si le pèlerin pouvait s'en passer, une fois à bord, il serait facile de faire mettre toutes les nattes à fond de cale avec les bagages, et elles ne seraient rendues à leur propriétaire qu'après désinfection au Lazaret de Tor. Car, à bord, pendant l'embarquement, cette opération est absolument impossible.

Au lieu de cela, les nattes, souillées par un contact permanent avec les malades, jamais nettoyées ni désinfectées, doivent être considérées comme une cause de propagation des maladies épidémiques, et il serait à désirer que les divers gouvernements qui s'intéressent à ces questions missent les Compagnies de navigation dans l'obligation d'assurer aux pèlerins un coucher plus hygiénique.

Les Arabes venant du fond de l'Algérie voyageaient pour la plupart par groupes plus ou moins nombreux. Ces groupes étaient placés sous l'autorité d'un chef nommé par l'autorité administrative de leur pays d'origine, et qui devait servir d'intermédiaire entre les membres du groupe et le commandant du navire. En général, ces chefs n'ont rendu aucun service, ce qui n'a rien d'étonnant, si l'on considère que leur autorité était toute nominative, sans la moindre sanction, et que leurs fonctions étaient purement gratuites. D'ailleurs, nous en avons trouvé plusieurs ne comprenant même pas un mot de français.

III

De Philippeville à Djeddah

La traversée de Philippeville à Djeddah dura du 12 mai au 1er juin. Pendant tout le temps que nous fûmes en Méditerranée, la température resta très humide, surtout pendant la nuit. Il en résulta de nombreuses bronchites, légères pour la plupart, mais dont quelques-unes furent cependant accompagnées de quelques accès fébriles assez marqués.

Pendant cette première partie du voyage, nous eûmes à déplorer 5 décès. A l'exception d'un seul pèlerin, âgé de trente-deux ans, que nous pûmes soigner pendant trois jours, et aux derniers moments duquel nous assistâmes, nous n'apprîmes la maladie des autres que par l'annonce de leur mort, quand on nous appela pour la constatation du décès et pour autoriser l'immergement. Ce fait se produisit d'ailleurs presque toujours, malgré nos ordres et notre surveillance, surtout au retour. Pour les diagnostics, nous étions alors obligé de nous en rapporter aux dires des voisins, nous expliquant les symptômes que les mourants avaient présentés. Et que de difficultés pour obtenir la vérité de gens que nous interrogions au moyen d'interprètes volontaires, ne comprenant pas eux-mêmes la plupart du temps les questions qu'on leur demandait de transmettre ! Plusieurs fois on nous fit prévenir de la mort d'un malade, alors que, quand nous arrivions près du corps, il était déjà lavé et habillé suivant les coutumes musulmanes. Que faire à cela ?

Nous donnions des ordres précis. Nous les faisions afficher dans chaque compartiment, et répéter plusieurs fois par jour par les interprètes. Nous en arrivâmes même à employer la menace; rien n'y fit. Le plus triste était que le malade lui-même cherchait plutôt à éviter les soins que nous étions prêt à lui donner. Ainsi, plusieurs fois, au retour surtout, où tous les passagers étaient fatigués et très amaigris, nous avons voulu faire transporter à l'hôpital un pèlerin qui paraissait plus exténué que les autres. Il était le premier à s'y opposer, disant qu'il n'était pas malade, mais seulement fatigué, et quelques heures après nous étions appelé à constater le décès.

Parmi les 4 autres décès, nous comptons 2 morts subites chez 2 vieillards, l'un de quatre-vingts ans, l'autre de soixante-dix. D'après l'entourage, aucun d'eux n'avait ressenti le moindre malaise. L'un est mort en prenant son café entre ses deux fils ; l'autre, bien portant la veille, a, paraît-il, été trouvé mort le matin. Le corps ne portait aucune trace de violence.

Le troisième est mort avec tous les symptômes d'une pneumonie double. Nous fûmes appelé quelques heures seulement avant sa mort, et une médication énergique immédiatement employée fut impuissante à le sauver. Enfin, le dernier était mort quand nous fûmes averti. D'après les renseignements que nous recueillîmes, il n'avait présenté aucun symptôme pulmonaire, mais se plaignait seulement du ventre et de la tête depuis une dizaine de jours. Pas de diarrhée, constipation légère au contraire; jamais cet homme ne s'était plaint à nous.

Les malades que nous fûmes appelé à soigner étaient atteints des affections suivantes :

Congestion pulmonaire	4
Bronchite légère	un grand nombre
Bronchite et fièvre	8
Embarras gastrique	un grand nombre
Embarras gastrique fébrile	3
Érysipèle	1
Chute sur le ventre	1
Rétention d'urine	2
Conjonctivite et blépharite	un grand nombre
Accidents syphilitiques	10
Plaies diverses	4
Brûlures	10
Furoncles et abcès	un grand nombre
Entérites légères	10

Les congestions pulmonaires devaient être causées par la température humide que nous avions subie en Méditerranée. Deux des malades cependant ont prétendu être déjà souffrants lors de leur embarquement. A l'arrivée à Djeddah, tous étaient guéris.

Les bronchites, en grand nombre, dataient toutes d'avant le départ. Nous les avons déjà attribuées plus haut au séjour prolongé des Arabes sur les quais de Philippeville.

Les embarras gastriques, en grand nombre également, furent pour la plupart sans importance, et cédèrent en un ou deux jours à l'administration de sulfate de soude. Trois malades cependant nous inspirèrent quelques inquiétudes, à cause de l'élévation de leur température (entre 39°5 et 40°5). Aucun ne présenta de diarrhée suspecte, et tous débarquèrent à Djeddah en bonne santé.

Je découvris l'érysipèle deux jours après le départ d'Algérie. Le malade présentait un gonflement considérable de tout le côté droit de la figure, très douloureux, avec une rougeur très accentuée. Il lui était presque impossible d'ouvrir l'œil droit dont les paupières étaient rouges et tuméfiées. Les mouvements des mâchoires étaient également très gênés par suite de la tuméfaction des parties molles. L'embarras gastrique était très prononcé avec constipation opiniâtre (48 heures sans selle, nous dit le malade). La température axillaire s'élevait à 41°. A l'arrivée à Djeddah, tous les symptômes graves avaient disparu, et il ne restait plus au malade qu'une grande faiblesse.

Les deux rétentions d'urine étaient causées par des rétrécissements anciens. Nous sondâmes les malades pendant quelques jours, puis ils cessèrent de venir à la visite ; nous ne les revîmes plus par la suite.

Les conjonctivites et les blépharites étaient toutes anciennes. D'ailleurs presque tous les Arabes qui vivent aux confins du désert sont sujets à ces affections. Au retour, le nombre de ceux qui en étaient atteints était encore beaucoup plus grand. Nous ne pûmes leur donner que quelques conseils de propreté.

Nous eûmes à soigner quelques syphilitiques, tous porteurs de plaques muqueuses. N'ayant pas la prétention de leur faire suivre un traitement complet, nous nous contentâmes de toucher leurs plaques au nitrate d'argent, et de leur faire prendre chaque jour 1 gramme d'iodure de potassium.

Une dizaine de passagers furent atteints de diarrhée légère; quelques grammes de bismuth avec quelques gouttes de laudanum suffirent pour les guérir.

Les brûlures furent relativement nombreuses. Toutes étaient causées par le renversement d'un récipient quelconque, plein d'eau bouillante. Cet accident arrivait assez fréquemment, les pèlerins faisant leur cuisine sur le pont, et les bousculades ne manquant pas. Aucune ne présenta de gravité, sauf chez deux individus, qui ne vinrent nous trouver que le surlendemain du jour où l'accident leur était arrivé, et qui, selon la mode arabe, s'étaient pansés avec du marc de café.

Les plaies, furoncles et abcès furent la plupart sans importance. Ceux qui en étaient atteints, malgré la défense qui leur en était faite, n'avaient rien de plus pressé que d'enlever le pansement que nous leur avions posé.

Pour terminer cette longue énumération, nous citerons enfin un individu qui était tombé du pont dans le spardeck, sur le ventre, et pour lequel on ne nous appela que deux jours après. Il était dans un état de faiblesse extrême et avait une température de 40°. Nous apprîmes que, dans l'intervalle, il avait reçu les soins (!) d'une sorte de rebouteux arabe, qui s'était livré sur lui à des pratiques tellement bizarres, que nous n'hésitâmes pas à leur attribuer le mauvais état dans lequel se trouvait le malade. En effet, dès qu'il fut transporté à l'hôpital, tous les phénomènes inquiétants disparurent, et deux jours après il était sur pied.

Nous citons ce cas, parce que plusieurs fois nous nous aperçûmes que nous avions été devancés auprès de quelques malades, par de soi-disants médecins indigènes, rebouteux de village, auxquels les Arabes prêtaient une grande science.

La traversée du canal de Suez et de la mer Rouge se fit sans incident. Nous arrivâmes en vue de Djeddah le 1er juin, à huit heures du matin. La libre pratique nous fut immédiatement accordée et tous les passagers débarquèrent dans la journée même. Le navire était mouillé en rade à environ 1 mille et demi de la ville, le débarquement se fit dans de grandes barques (*sambouks*) qui pouvaient pour la plupart contenir une quarantaine de pèlerins avec leurs bagages.

Sitôt les pèlerins débarqués, nous fîmes procéder à une désinfection totale du navire; nous dirons plus tard le procédé qui nous paraît le plus pratique et le plus efficace en pareille circonstance.

CHAPITRE II

LE PELERINAGE

I

Djeddah et la Mecque

Les pèlerins ne restent que quelques jours à Djeddah, le temps de faire quelques emplettes et de faire viser leurs passeports au consulat de France.

La plupart campent en dehors des murs, aux environs de la route qui conduit à la Mecque. D'autres logent dans de grandes hôtelleries, qui peuvent en contenir plusieurs centaines avec leurs bagages.

La distance de Djeddah à la Ville-Sainte est d'environ 70 kilomètres. Les plus fortunés, montés sur des ânes ou bourriquots, d'une vigueur et d'une endurance remarquables, franchissent cette distance en une seule nuit.

Les autres se rendent en caravanes, soit sur des chameaux, soit, les plus pauvres, à pied. Le voyage dure alors deux nuits, la chaleur directe du soleil, augmentée par la réverbération des sables, rendant pénible et dangereuse la marche pendant la journée.

C'est alors seulement que commencent pour les pèlerins les fatigues et les privations qui font parmi eux au moins autant de victimes que les épidémies.

Tous ont revêtu le costume du pèlerin, qu'ils conserveront jusqu'après les fêtes, la tête nue, complètement rasée, et l'épaule gauche seule couverte par une sorte de manteau en étoffe blanche, jeté à la manière antique ; autour des reins, une sorte de pagne de même étoffe.

La faveur de se protéger la tête par un parasol est accordée seulement aux vieillards et aux malades, et encore elle n'est pas gratuite.

Pour les devoirs à remplir à la Mecque par les pèlerins, nous empruntons les détails suivants à la thèse de M. le docteur Delarue, qui fit en 1891, sur le *Pictavia*, le même voyage que nous, également comme médecin commissionné :

« A la Mecque, le pèlerin, à peine arrivé, commence par faire les *visites*, dans lesquelles il est conduit par le métoual qui l'exploite et se fait payer fort cher.

» Je passerai rapidement sur le détail des fêtes ; je veux seulement donner une idée des fatigues qu'elles occasionnent au pèlerin.

» Celui-ci va d'abord à la grande mosquée. Il entre par la porte Bab-el-Salam dans le Bit-Allah (maison de Dieu), où se trouve une grande cour où tous les pèlerins, en longues files serrées, se rangent pour prier autour de la Caabah (maison d'Abraham). Il baise ensuite la pierre noire (hadjer el esfoued) fixée dans un coin de la Caabah.

» De là, il se rend à un pavillon (makam) réservé à sa secte. Il y a quatre sectes orthodoxes reconnues. Chacune a son pavillon dans Bit-Allah.

» Près de l'un de ces pavillons, se trouve le puits de Zemzem (rétréci), puits d'Agar et d'Ismael ; chaque pèlerin va s'y laver et y prendre de l'eau. Cette eau est blanchâtre, un peu tiède, mais douce à boire. Chacun en emporte chez lui avec dévotion. Des petits bidons de cette eau se vendent très cher, ainsi que des suaires qui y ont été trempés et qui doivent préserver du feu de l'enfer ceux qui en seront enveloppés ; cette eau, comme je le dirai plus loin, est détestable au point de vue sanitaire.

» En sortant de la mosquée, le pèlerin monte dans la rue Oued-Ss'afa. Là il est obligé de faire sept fois de suite, en courant, un espace de 400 mètres en souvenir d'Agar. C'est le cérémonial du Saï.

» Il fait ensuite une visite à Ouvra, chapelle située assez loin de la ville, où Mahomet allait prier de préférence.

» Ces visites que beaucoup de pèlerins font en une seule fois leur font faire 30 ou 40 kilomètres en une journée, presque sans manger. Ils en répètent au moins une partie tous les jours de leur séjour à la Mecque.

» Le neuvième jour du mois Dhi-el-Hadja commencent les fêtes du pèlerinage proprement dites. Ce jour-là tous les pèlerins se rendent au Mont Aarafat (il a reconnu — où Adam et Eve se sont retrouvés). Chaque année, devant tous les pèlerins assemblés, le Cadi, monté sur un chameau blanc, fait une prière à haute voix à laquelle tous répondent en disant : « Mon » Dieu, nous sommes dans ta main. »

» Il paraît que cette journée est la plus fatigante des fêtes. La marche de toute cette multitude, une longue station debout, les ardeurs du soleil, le jeûne qui dure presque tout le jour, tout cela contribue à la rendre très meurtrière.

» En descendant de l'Aarafat, les pèlerins s'arrêtent tous dans la vallée de Mina ou Mouna. Ce nom vient sans doute de celui de Mimoussa, femme de Mahomet, dont le tombeau est tout près.

» A Mina, chaque pèlerin doit, selon son degré de fortune, tuer un ou plusieurs animaux. Le riche tue des chameaux, le pauvre des moutons et des poulets. Cette tuerie est faite en mémoire du sacrifice d'Abraham.

» Tout bon pèlerin doit encore, dans les trois jours qu'il

reste à Mina, aller jeter 7 pierres sur le tombeau du diable Heblis.

» Ce tombeau était, paraît-il, avant Mahomet, le principal but du pèlerinage.

» Mina est un endroit malsain pour les pèlerins. Outre l'agglomération, la chaleur, la putréfaction des animaux égorgés, il faut ici faire entrer en ligne de compte le dévergondage et les excès des pèlerins pendant ces trois jours.

» D'après le Coran, rien de ce qui se fait à Mina, ne peut être péché. Il y a là des marchands d'esclaves, des femmes publiques, des marchands et des marchandises de toutes nations et de toutes les espèces. Les pèlerins vident souvent là leur bourse. »

En 1893, les grandes fêtes du pèlerinage, qui durent trois jours consécutifs, commencèrent le 23 juin. Le nombre des fidèles venus de tous les pays musulmans a été évalué à plus de 500,000 individus, dont 93,000 étaient venus par mer et avaient débarqué à Djeddah. La cause de cette affluence exceptionnelle était que le premier jour des fêtes tombait un vendredi, jour férié des musulmans. Cette coïncidence qui ne se produit qu'une fois tous les dix ou douze ans, donne aux yeux des fidèles une valeur beaucoup plus grande au pèlerinage.

C'est parmi cette énorme agglomération des plus hétérogènes que se déclara l'épidémie cholérique, dont les premiers cas furent constatés dans les premiers jours de juin, alors que les caravanes commençaient à arriver.

Pendant quelque temps, la mortalité d'abord assez faible, se maintint au-dessous de 100 décès par jour. Puis, les caravanes se succédant toujours, le chiffre des décès suivit une marche très rapidement ascendante, pour arriver à près de 2,000 par jour, pendant les orgies de Mina. Et encore, d'après des témoins oculaires que nous avons interrogés, ce chiffre serait de beaucoup au-dessous de la réalité. Il ne représenterait que les décès constatés officiellement comme étant causés par le choléra.

Cette mortalité effrayante tient à des conditions multiples, dont les principales sont les suivantes :

D'abord les fatigues extrêmes auxquelles s'astreignent tous les pèlerins pendant leur pèlerinage, et le mépris profond qu'ils professent vis-à-vis des lois les plus élémentaires de l'hygiène.

La mauvaise qualité de l'eau qu'ils consomment et qu'ils renferment dans des outres qui ne tardent pas à être contaminées par leur contact avec les objets environnants.

Leur nourriture est composée principalement de pastèques et de la chair des animaux sacrifiés. Cette chair, séchée tant bien que mal au soleil, est conservée pendant un temps assez long. Nous avons pu en examiner à bord quelques échantillons préparés depuis plusieurs jours, et nous en avons constaté la mauvaise qualité due à la façon sommaire dont ils étaient préparés.

De plus, chaque pèlerin doit sacrifier un ou plusieurs animaux, suivant ses moyens. Beaucoup, soit pour racheter une faute contre la loi de Mahomet, soit pour payer une faveur, par exemple, l'autorisation de se garantir la tête avec un parasol, en immolent un nombre assez considérable. Les dépouilles de ces animaux sont abandonnées pêle-mêle à l'endroit du sacrifice, ou dispersées au hasard, et deviennent vite une cause d'infection.

Enfin, les cadavres de ceux qui succombent, soit de maladies épidémiques, soit d'insolation, ou de toute autre affection, sont loin de recevoir tous une sépulture. Beaucoup sont abandonnés un peu partout, et, sous un climat chaud et humide, comme l'est ordinairement celui de la Mecque à cette époque, entrent vite en putréfaction. Ce fait nous a été certifié par beaucoup de nos passagers que nous avons interrogés sur les péripéties de leur meurtrier voyage.

Sitôt les fêtes terminées, les pèlerins se dispersent dans toutes les directions, ayant surtout une grande hâte de fuir la Mecque, où ils laissent tant des leurs. Nous ne nous occuperons que de nos pèlerins algériens dont une très faible partie seulement se dirigea vers Médine en caravane à travers le désert. Le plus grand nombre revient à Djeddah.

Dès que nous fûmes averti que les premières caravanes étaient signalées, nous nous rendîmes, en compagnie de M. le Consul de France, à la porte de Djeddah, dite Porte de la Mecque, par où elles devaient entrer dans la ville.

A une centaine de mètres des remparts, les caravanes étaient arrêtées et visitées par une Commission de médecins, délégués par le Conseil supérieur sanitaire, dont le siège est à Constantinople, et qui devaient interdire l'accès de la ville à tout individu paraissant dans un état suspect, aucun cas de choléra n'ayant encore été constaté à Djeddah.

Les pèlerins ainsi arrêtés étaient conduits dans des bâtiments situés à proximité, dont les issues étaient gardées par des soldats. A mesure qu'un décès était constaté, on étendait le cadavre dehors, le long du mur, en attendant que les fossoyeurs, qui n'avaient guère le temps de chômer, le transportassent au cimetière qui se trouvait non loin de là. Quand le malade paraissait près de succomber, on ne prenait même pas la peine de le faire entrer dans le bâtiment ainsi transformé en hôpital. On se contentait de l'étendre sur le sol nu, à l'ombre autant que possible, en attendant que la mort le débarrassât de ses souffrances.

De soins, en effet, il n'en était même pas question. Et pourtant beaucoup de ces moribonds n'étaient qu'exténués et affamés. Nous en avons examiné un grand nombre chez lesquels nous n'avons reconnu aucun symptôme de choléra.

Ceux qui étaient enfermés dans cet hôpital primitif, on pourrait dire cette prison, souffraient peut-être encore davantage, car, parmi eux, nous en trouvâmes quelques-uns séquestrés depuis la veille, et qui, n'ayant pas d'argent sur eux, n'avaient rien mangé. A peine s'ils avaient pu se procurer un peu d'eau. L'un d'eux, un Algérien de nos passagers, qui était entré pour secourir son père, vieillard de plus de 60 ans, très fatigué, nous dit qu'on n'avait pas voulu le laisser sortir, même pour se procurer des aliments. On lui avait fait payer 25 centimes 1 litre d'eau environ.

Nous retournâmes trois jours de suite, et nous vîmes toujours les même scènes. Ému autant qu'indigné de la triste situation qui leur était faite, M. le Consul de France fit distribuer à ces pauvres gens des médicaments et des vivres dont ils avaient surtout besoin. Cette intervention eut le don de toucher, paraît-il, les médecins de la Commission de visite, car nous les vîmes préparer devant nous avec ostentation, une sorte de mixture qui devait contenir du bismuth.

Pourquoi cette sorte de visite médicale, qui ne pouvait être que vexatoire, sans la moindre efficacité pour la préservation de la ville? Si dans une caravane de plusieurs milliers d'individus, il y a eu et il y a encore des cas de choléra, en arrêtera-t-on l'importation en ne retenant que ceux qui paraissent les plus fatigués et en pleine période d'état? Les personnes à qui leur indemnité apparente permettra d'obtenir de suite la libre pratique ne seront-elles pas le lendemain, dans quelques heures peut-être, atteintes par le terrible fléau? D'ailleurs, dans un groupe qui paraîtra indemne, il peut y avoir eu des morts pendant le voyage, et, si leurs cadavres ont été abandonnés sur la route, leurs vêtements et leurs bagages ont été soigneusement recueillis par leurs compagnons, tout contaminés qu'ils pouvaient être. Il ne faut pas compter sur la sincérité des déclarations de gens dont la seule pensée est d'arriver à la ville, et de s'embarquer le plus vite possible, parce qu'ils ne se croiront en sûreté qu'une fois à bord.

II

Yambo et Médine

Les pèlerins étant revenus de la Mecque, la première partie de leur voyage était accomplie. Il leur fallait maintenant aller à Médine, visiter le tombeau de Mahomet. Pour cela, nous devions les transporter de Djeddah à Yambo, port le plus rapproché de Médine.

L'embarquement commença le 2 juillet et ne fut terminé que dans la matinée du lendemain, jour du départ.

Pendant cette opération, nous aurions voulu, en qualité de médecin du bord, examiner au fur et à mesure tous ceux qui redevenaient nos passagers, pour faire transporter sur la dunette, transformée en hôpital, les Arabes qui nous auraient paru le plus malades. Cela nous fut impossible par suite des conditions dans lesquelles se fit l'embarquement.

Deux larges échelles avaient été placées le long du bord. En haut de chacune d'elles se tenait un officier du bord avec deux matelots pour faire le contrôle des billets de retour et indiquer aux pèlerins les places qu'ils devaient occuper, le reste de l'équipage devant faire descendre les bagages à fond de cale.

Tant que les sambouks qui amenaient les pèlerins à bord furent assez espacés, tout marcha sans encombre. Mais, à un certain moment, ils arrivèrent si nombreux que le navire fut littéralement envahi. En effet, les premiers embarqués jetaient à ceux de leurs compagnons restés dans les barques, le long du bord, des cordes par lesquelles ils grimpaient jusque sur le pont. Ces mêmes cordes leur servaient à hisser les bagages et même des malades pouvant à peine se tenir debout.

On comprendra que dans ces conditions, au milieu d'un désordre indescriptible, nous fûmes obligé de laisser faire. Ce ne fut que plus tard, vers la nuit, que, les échelles étant relevées, on put arrêter l'embarquement. Les sambouks, chargés de pèlerins, restèrent le long du bord.

A ce moment, nous parcourûmes toutes les parties du navire, à la recherche des malades. Une dizaine, dont deux cholériques, furent transportés à l'hôpital; l'un d'eux mourut dans la nuit.

Au matin, dès la première heure, l'embarquement recommença dans les mêmes conditions que la veille, et se termina par le départ du « Gergovia », laissant encore trois ou quatre barques pleines de pèlerins.

Ce qui expliquait cet abandon apparent, c'est que la Compagnie Cyprien Fabre avait cinq navires en rade de Djeddah et que, pour faciliter les départs, on faisait prendre par l'un d'eux les premiers pèlerins de retour de la Mecque, jusqu'à concurrence du nombre qu'il était autorisé à transporter. C'est pourquoi tel pèlerin, venu sur un navire, fit sur un autre le voyage de retour.

Dès le départ, nous nous mîmes à la recherche des plus malades. Une visite minutieuse, qui ne dura pas moins de trois heures, nous permit de nous rendre compte de l'état des passagers. Presque tous étaient très fatigués et amaigris. Quelques-uns même étaient dans un état de faiblesse tel qu'il était facile de voir qu'ils ne passeraient pas la journée.

Nous les fîmes transporter à l'hôpital, et nous en avions perdu neuf à l'arrivée à Yambo, qui eut lieu le lendemain vers midi.

Quant à ceux qui nous parurent présenter des symptômes de choléra, nous les fîmes également transporter sur la dunette, où ils étaient séparés des autres malades par une forte toile tendue longitudinalement. C'était le seul mode d'isolement que nous avions à notre disposition. Tous les soins que nous leur prodiguâmes furent inutiles et il en mourut six tant dans la nuit que dans la matinée du 4.

A mesure qu'un décès se produisait, le corps était immédiatement immergé, et la place qu'il avait occupée était lavée avec une solution phéniquée très forte. Quant à leurs vêtemunts, nous n'eûmes pas à nous en occuper, vu qu'ils ne portaient plus qu'une chemise toute souillée, que nous leur laissions en les immergeant. En effet, dès qu'un individu tombait malade, et paraissait sur le point de succomber, ses compagnons l'abandonnaient, non sans l'avoir préalablement dépouillé.

D'autres navires à pèlerins nous avaient devancés à Yambo, et la province était déjà déclarée contaminée. On ne fit donc aucune difficulté pour nous accorder la libre pratique, et le débarquement commença immédiatement. Il ne put être terminé le jour même, et il resta à bord 500 pèlerins qui ne débarquèrent que le lendemain. Nous eûmes encore 7 décès, dont 3 du choléra.

Deux médecins délégués par l'administration sanitaire de Djeddah étaient arrivés à Yambo par le premier navire. Ils avaient pour mission de diriger le service à terre et d'installer des ambulances. Aussi ne gardâmes-nous à bord aucun de nos passagers. D'ailleurs, tous ne demandaient qu'à nous quitter pour accomplir la seconde partie de leur pèlerinage.

Nous avons appris plus tard que leur état de faiblesse en empêcha beaucoup d'arriver à Médine. Cependant très peu restèrent en traitement dans les ambulances installées à Yambo, ambulances très sommaires, vu le peu de moyens dont disposaient les deux médecins délégués, qui déployèrent un zèle au-dessus de tout éloge.

Pour aller de Yambo à Médine, les caravanes mettent ordinairement cinq jours ; les étapes sont assez irrégulières comme durée, les haltes ayant lieu aux environs d'un puits ou d'une source.

Cette année, à cause de l'intensité de l'épidémie qui avait sévi à la Mecque, les autorités de Médine avaient interdit aux caravanes l'entrée de la ville. Elles devaient s'arrêter en dehors des murs, et les pèlerins étaient autorisés à les franchir pour accomplir leurs dévotions, mais sans bagages d'aucune sorte. De plus, ils ne devaient pas y séjourner plus de quarante-huit heures.

Ces mesures, qu'on ne saurait blâmer, abrégèrent de quelques jours la durée du séjour des pèlerins dans le Hedjaz, mais eurent une influence assez fâcheuse sur le fonctionnement du service sanitaire au Lazaret de El-Tor. Nous en reparlerons en temps et lieu.

Pendant l'absence des passagers, qui dura du 5 au 17 juillet, le *Gergovia* resta au mouillage en rade de Yambo. Sitôt le débarquement terminé, nous procédâmes à une désinfection complète. Quelques jours avant le retour des pèlerins, nous en fîmes une seconde, et nous répandîmes de l'acide phénique, en solution forte, dans tous les compartiments.

Il y avait déjà plus d'un mois que nous étions dans la mer Rouge, supportant une température qui n'était jamais descendue au-dessous de 30° centigrades, même pendant les nuits les plus humides. La santé de l'équipage commençait à s'en ressentir, et nous eûmes à soigner quelques accès de fièvre, dont les symptômes alarmants nous causèrent plus d'une fois une grande inquiétude.

Le plus souvent, en effet, l'hyperthermie était à peine sensible, alors que les vomissements et la diarrhée étaient tels que, étant données les circonstances dans lesquelles nous nous trouvions, on eût pu se croire en présence d'une attaque de choléra ; d'autant plus que les malades accusaient des crampes dans les membres et se plaignaient de coliques violentes. Les matelots, l'esprit frappé par les nombreux décès qu'ils avaient vus parmi les passagers, pendant la courte traversée de Djeddah à Yambo, étaient prompts à s'alarmer, et, plus d'une fois, nous eûmes une peine très grande à leur persuader qu'aucun d'entre eux n'était atteint du terrible fléau.

Ce qui rendait cette tâche plus difficile encore, c'est que, sur d'autres navires français, on avait constaté des cas de choléra mortels parmi l'équipage, choléra foudroyant, puisque les individus atteints étaient morts en quelques heures.

Cependant tous nos malades, traités énergiquement par la quinine, l'ipéca et le sulfate de soude, furent rapidement rétablis. Aucun d'eux ne resta plus de deux jours sans être en état de reprendre son service.

CHAPITRE III

LE RETOUR

I

Au Lazaret de Djebel-Tor

Dès le 15 juillet, les caravanes, de retour de Médine, commencèrent à arriver à Yambo. D'après les renseignements que nous recueillîmes, la mortalité avait été assez grande parmi nos Algériens pendant leur voyage aller et retour à travers le désert. Cependant les cas de choléra s'étaient faits de plus en plus rares, et les décès, pour la plupart, avaient été causés par la fatigue et la chaleur chez des individus déjà exténués et qu'une foi ardente avait seule soutenus jusque-là.

L'embarquement se fit dans la même journée, et le 17 nous appareillâmes pour El-Tor, afin d'y purger une quarantaine de quinze jours. La santé des passagers nous parut un peu plus satisfaisante qu'à leur retour de la Mecque. Il est vrai que le voyage par terre avait été plus long et plus fatigant et que les moins résistants avaient succombé pendant la route.

Néanmoins, pendant la traversée qui dura quarante heures, nous eûmes 7 décès, dont 2 seulement du choléra, parmi les malades traités à l'hôpital. De plus, 2 cadavres furent trouvés le matin, abandonnés et dépouillés comme d'habitude. C'étaient ceux de deux vieillards d'une soixantaine d'années, arrivés aux extrêmes limites de l'amaigrissement.

Parmi les malades, la plupart étaient atteints de dysenterie. Les autres étaient minés par une fièvre de moyenne intensité, mais continue, et étaient arrivés à un degré de cachexie très prononcé. Après la disparition du choléra, presque tous les décès à bord furent dus à la dysenterie.

Nous arrivâmes à Djebel-Tor le 19. Beaucoup de navires à pèlerins, anglais, turcs et égyptiens, se trouvaient déjà en rade et les campements du lazaret étaient presque tous occupés.

Cependant, grâce au départ d'un navire ayant terminé sa quarantaine, nous pûmes dès le lendemain débarquer nos 1,400 passagers. Comme nous étions mouillés à quelques centaines de mètres seulement du rivage, l'opération se fit assez rapidement dans de grandes barques pouvant contenir une trentaine d'individus. Les mêmes barques servaient d'ailleurs à l'embarquement des hôtes du lazaret ayant terminé leur quarantaine. Il est vrai qu'à chacun de leurs voyages à terre, on les arrosait d'acide phénique

A peine à terre, les pèlerins étaient conduits par groupes plus ou moins nombreux dans une grande salle où on les faisait mettre complètement nus. Puis, pendant qu'ils se lavaient, leurs vêtements étaient passés à l'étuve. A mesure qu'ils étaient ainsi désinfectés, on les assemblait en groupes d'une centaine qui, sous la conduite de quelques soldats, gagnaient le campement qu'ils devaient occuper pendant toute la durée de la quarantaine.

Les campements sont situés le long de la mer, sur une immense plage qui s'étend en amphithéâtre sur une étendue de plusieurs kilomètres et une égale profondeur. Ils se composent de grandes tentes en forte toile, sous lesquelles logent les pèlerins, au nombre de 10 à 12. Celui occupé par nos passagers comprenait de 120 à 130 tentes.

Des gardes sanitaires, dont le nombre varie suivant l'importance du campement, sont chargés de la surveillance, et doivent informer la direction du Lazaret de tous les accidents sanitaires qui peuvent se produire. Ils doivent veiller à ce que les pèlerins se conforment strictement au règlement et surtout à ce qu'ils ne cachent pas leurs malades et n'enterrent pas leurs morts clandestinement, ce qui a, paraît-il, été contaté les années précédentes. Les hôtes du Lazaret n'ont, en effet, qu'un désir, celui de partir le plus tôt possible, et ils feront tout pour cacher une maladie ou un décès qui leur ferait recommencer une nouvelle période de quinze jours d'observation.

Le navire, à peine au mouillage, deux gardes sanitaires du Lazaret étaient montés à bord et devaient y rester jusqu'après la traversée du canal de Suez. Leur rôle était d'empêcher les navires en quarantaine de communiquer entre eux et de prévenir la direction du Lazaret de tout cas suspect qui aurait pu se produire parmi l'équipage. Quand une embarcation se détachait du bord, pour une cause quelconque, un des gardes devait y prendre place pour accompagner ceux qui la montaient.

Le matériel du Lazaret de Djebel-Tor lui permet de recevoir environ 11,000 pensionnaires. En temps ordinaire, ce nombre n'est jamais atteint, grâce au roulement qui s'établit entre les départs et les arrivées. Mais, cette année, il en fut tout autrement.

Quand les fêtes de la Mecque sont terminées, les pèlerins qui remontent vers le nord, pour traverser le canal, se divisent en deux catégories. Les uns, comme nos passagers, sont transportés à Yambo, pour aller visiter à Médine le tombeau de Mahomet; les autres, qui ont déjà fait cette visite avant d'aller à la Mecque, se rendent directement à Djebel-Tor. Ordinairement ils ont purgé leur quarantaine et sont partis quand arrivent les premiers.

Or, comme nous l'avons dit déjà, la durée du séjour des pèlerins à Médine avait été limitée à quarante-huit heures, au lieu de six à sept jours. Le retour se fit donc plus rapidement que de coutume, et, quand nous arrivâmes à Djebel-Tor, le Lazaret était déjà encombré.

D'ailleurs, presque tous les navires arrivant directement de Djeddah avaient eu le choléra à bord, ce qui prolongea la durée de leur quarantaine, celle-ci recommençant pour quinze jours dès qu'il se produisait dans un campement un décès attribué au choléra.

La véritable cause d'encombrement était l'affluence exceptionnelle des pèlerins en cette année 1893. Il nous semble que le Conseil supérieur d'Alexandrie a fait preuve d'un manque de prévoyance inexplicable et doit être rendu responsable des irrégularités qui se sont produites dans l'application des règlements.

En effet, tous les pèlerins qui devaient faire un séjour à Tor avaient, à l'aller, franchi le canal ou s'étaient embarqués en Égypte, et l'on pouvait savoir, bien avant leur arrivée, au moins par à peu près, le nombre probable d'individus que le Lazaret aurait à contenir. On avait donc assez de temps pour envoyer le personnel et le matériel nécessaires, d'autant plus qu'on était informé journellement de la santé des pèlerins au Hedjaz. En outre, on aurait dû penser que, par suite du choléra, des navires pouvaient être obligés de doubler leur quarantaine; c'est ce qui arriva d'ailleurs. Quoi qu'il en soit, dès le 22 juillet, il n'y eut plus de place au Lazaret, ou plus exactement le matériel de campement manqua. Les navires qui arrivèrent furent obligés de garder leurs passagers à bord, jusqu'à ce qu'un départ eût rendu disponible un campement qu'on réoccupait aussitôt.

Les quinze jours de la quarantaine ne devant compter qu'à partir du débarquement des pèlerins, les capitaines des navires, ainsi menacés de voir se prolonger indéfiniment leur séjour à Tor, adressèrent de justes et énergiques réclamations au directeur du Lazaret. Des ordres venus du Conseil supérieur firent alors commencer les quinze jours d'observation du jour de l'arrivée des navires en rade et de l'installation des gardes sanitaires à bord.

Cette mesure, qui satisfit tant bien que mal les intéressés, enlevait à la quarantaine de Tor un de ses plus grands avantages : celui de débarrasser rapidement un navire de ses passagers épuisés autant qu'infectés, et de ne les lui rendre que complètement indemnes de maladies contagieuses. Ainsi, plusieurs navires français, transportant exclusivement des pèlerins algériens, restèrent au moins huit jours avant de pouvoir les débarquer. Ce laps de temps leur aurait suffi pour se rendre en Algérie, où ils auraient trouvé au Lazaret du cap Matifou les plus grandes facilités pour l'isolement et la désinfection de leurs passagers, et dont le séjour aurait été moins pénible pour l'équipage et les pèlerins.

D'ailleurs, la quarantaine ainsi accomplie n'offre plus la moindre garantie. Pour en éviter la prolongation, les cas suspects peuvent être célés, et ce ne sont pas les deux gardes sanitaires mis à bord qui peuvent s'apercevoir de toutes les fraudes. Nous entendons bien dire que ces fraudes peuvent être commises à l'insu du médecin du bord lui-même.

Les pèlerins du « Gergovia » restèrent exactement dix-huit jours au Lazaret. Le premier jour seulement de leur installation, on y constata un décès cholérique, ce qui prolongea d'un jour notre quarantaine, allongée de deux jours encore par l'insuffisance des moyens de transport dont disposait la

Direction. Tous les navires, d'ailleurs, subirent un semblable retard.

Pendant le séjour à terre de nos passagers, le navire avait été soigneusement désinfecté par nous d'abord, par les soins du lazaret ensuite. Nous allons dire ici quel est le mode de désinfection que nous avons choisi, comme nous paraissant le plus praticable et présentant le plus de garanties, étant donnés les moyens dont nous disposions.

Immédiatement après le débarquement des passagers et de leurs bagages, nous faisions descendre dans chacun des compartiments qu'ils avaient occupés, des fourneaux remplis de soufre et de charbons ardents; puis toutes les ouvertures et les panneaux étaient hermétiquement clos et restaient ainsi pendant soixante-douze heures. Le quatrième jour, les panneaux étaient ouverts et les compartiments aérés à l'aide des manches remises en place. Alors seulement l'équipage y descendait et procédait à un lavage complet de toutes les parties du navire avec des solutions de sulfate de cuivre à 2 pour 100 et de bichlorure de mercure au millième. Les jours suivants, avaient lieu des lavages à l'eau de mer. Le pont était lavé à grande eau et « *briqué* » à l'aide de sable et de chlorure de chaux. La veille des embarquements, nous procédions à une nouvelle désinfection, mais sans emploi d'acide sulfureux.

A notre point de vue, les avantages de ce procédé sont grands :

1º C'est le plus facile à employer sur un navire avec les seuls moyens du bord ;

2º Il présente des garanties très suffisantes d'efficacité ;

3º Enfin il permet de ne laisser séjourner les matelots dans les parties que viennent de quitter les passagers contaminés, que lorsqu'elles ont déjà subi une première désinfection par le soufre, avantage qui n'est pas à dédaigner, surtout pour l'effet sur le moral de l'équipage.

Quant à la désinfection que simulaient les agents du Lazaret, elle était des plus anodines; elle consistait toute en l'aspersion rapide des parois et du pont avec des solutions de sulfate de fer et de cuivre.

Notre quarantaine, commencée le 21 juillet, expirait le 4 août. Ce ne fut que le 6 cependant, que nous commençâmes l'embarquement de nos pèlerins. Beaucoup de navires, en effet, étaient arrivés, à peu d'intervalle les uns des autres, et leurs périodes d'observation se terminaient presque en même temps; il en résultait que chaque jour il aurait dû y avoir un départ, souvent deux.

Or, avant l'embarquement de même qu'à l'arrivée, il était procédé à la désinfection des pèlerins et de leurs bagages, ce qui demandait du temps, par suite de l'insuffisance du matériel et du personnel. Celui-ci est digne des plus grands éloges pour le zèle qu'il déploya : malheureusement il était trop restreint.

Une autre cause du retard apporté aux départs, c'est qu'il y avait encore sur rade des navires chargés de pèlerins, arrivés déjà depuis plusieurs jours, et dont le débarquement n'était pas commencé, malgré les réclamations des capitaines, désireux de se débarrasser au plus vite de leurs passagers infectés. Voulant contenter tout le monde, M. le Directeur du Lazaret faisait aller de front les deux opérations, embarquement et débarquement, ce qui ne satisfaisait personne, et n'était pas précisément propre à garantir de toute contamination ceux qui avaient terminé leur quarantaine.

II

De Djebel-Tor au cap Matifou

Dans l'après-midi du 7 août, tous nos passagers étaient à bord. Leur séjour sous la tente les avait reposés. Cependant nous ne trouvâmes pas leur état de santé aussi bon que nous l'avions espéré. Beaucoup étaient encore très fatigués, surtout des vieillards. D'autres, en assez grand nombre, étaient atteints de diarrhées rebelles et quelques-uns de dysenterie. Tous se plaignaient de la mauvaise qualité de l'eau qu'on leur avait délivrée au Lazaret, prétendant que pendant toute la durée de la quarantaine elle leur avait donné la diarrhée.

Parti de Djebel-Tor dans l'après-midi du 8 août, le « Gergovia » arriva à Suez le lendemain avant le jour. Une Commission de trois médecins vint alors contrôler l'état des passagers et les compta un par un. Cette Commission se déclara très satisfaite et constata dans l'état sanitaire du bord une différence, très appréciable en notre faveur, avec tous les navires qui avaient jusque-là repassé le canal. Deux officiers sanitaires embarquèrent en outre à notre bord, pour constater les incidents qui pouvaient se produire pendant la traversée. Ils ne nous quittèrent qu'à Port-Saïd, en même temps que les deux gardes qui nous accompagnaient depuis notre arrivée à Tor. Nous ne reçûmes l'autorisation de nous engager dans le canal que le lendemain. Un vapeur anglais, « l'Afghan », également chargé de pèlerins, transitant avec nous, nous ne pouvions sortir du canal dans la même journée. Nous dûmes donc passer la nuit à Ismaïlia.

Pendant cette traversée, un petit vapeur de la Compagnie

de Suez nous suivit de très près pour s'assurer que nous n'immergions aucun cadavre et que nous ne débarquions personne sur les berges. D'ailleurs, le long de celles-ci, sur chacune d'elles, suivait, sur un chameau, un soldat égyptien, le fusil chargé et prêt à faire feu. On n'aurait certainement pas cru, en voyant toutes ces précautions, que nous venions de purger une quarantaine de dix-huit longs jours dans un Lazaret, d'où on ne nous avait laissé partir que complètement indemnes ou du moins jugés tels.

Dans la nuit que nous passâmes à Ismaïlia, nous eûmes 2 décès, 2 diarrhéiques, et ne pouvant ni les immerger, ni les faire porter à terre, nous les gardâmes à bord, jusqu'à notre entrée en Méditerranée, qui eut lieu le 10 à midi. Pour rendre leur présence inoffensive, nous les avions mis dans une partie inhabitée, à proximité d'un large sabord et bien enveloppés dans des draps imbibés d'une solution forte d'acide phénique.

De Suez à Matifou, il se produisit 19 décès, en comptant les 2 dont nous venons de parler. 3 ont été causés par des accès pernicieux, que l'état cachectique de ceux qui en étaient atteints nous a empêché de traiter efficacement ; 11 se sont produits chez des diarrhéiques et des dysentériques, qui étaient en grand nombre à bord. D'ailleurs, pendant les quatre jours d'observation que nos passagers firent par la suite au lazaret de Matifou, il y eut encore 7 décès dus aux mêmes causes, sans qu'on ait relevé aucun symptôme de choléra. Les cinq autres pèlerins que nous avons perdus sont morts sans passer par l'hôpital. Ils ont été trouvés sans vie, pendant nos visites matinales dans les compartiments. Complètement dépouillés, ils étaient dans un état de maigreur extrême, et ne présentaient pas de souillures pouvant faire supposer qu'ils avaient succombé à une entérite.

Le nombre des malades que nous eûmes à soigner fut considérable. Malheureusement, l'installation défectueuse de l'hôpital et le manque complet d'assistance ne nous permirent pas de leur donner tous les soins que réclamait leur état. Nous ne pûmes ainsi prendre que des observations trop incomplètes pour les rapporter ici.

Parmi les cas les plus nombreux, nous relevons des diarrhées datant, les unes du commencement du voyage des pèlerins en caravanes, les autres, plus récentes, de leur séjour au lazaret du Tor, dont ils incriminaient la mauvaise qualité de l'eau. Notre thérapeutique dut se borner à prescrire le régime lacté et à administrer du bismuth et du laudanum.

Les dysentériques étaient également nombreux. Nous les traitâmes par le lait et le sulfate de soude. Chez quelques-uns, l'ipéca à la Brésilienne nous donna quelques bons résultats.

Non moins nombreux aussi étaient les individus atteints de fièvre continue, sans élévation exagérée de la température (de 38° à 38°5), fièvre évidemment due au surmenage et aux privations.

Beaucoup de pèlerins étaient porteurs de plaies de mauvaise nature, surtout aux membres inférieurs. Les pansements que nous leur appliquions étaient bien vite souillés, malgré toutes les recommandations que nous ne ménagions pas aux intéressés.

La plupart de nos passagers, exposés pendant si longtemps à la réverbération du soleil sur le sable surchauffé, étaient atteints de conjonctivites, qui disparurent presque toutes avant notre arrivée à Matifou. La seule prescription que nous leur faisions était de se laver les yeux plusieurs fois par jour avec de l'eau aussi chaude qu'ils pouvaient la supporter. Mais très peu, croyons-nous, s'y conformèrent.

Enfin, nous avons remarqué beaucoup de manifestations de syphilis ancienne.

En résumé, quand nous débarquâmes nos passagers au Lazaret de Matifou, après dix jours de vie à bord avec eux, nous pouvions, en toute sincérité, affirmer qu'aucun d'eux n'avait présenté de symptômes d'une maladie épidémique pouvant être un danger pour la santé publique. C'est ce que confirma d'ailleurs leur séjour au Lazaret.

CHAPITRE IV

QUELQUES CONSIDÉRATIONS
SUR LES MESURES SANITAIRES

Nous avons raconté aussi succinctement que possible, mais sans oublier aucun incident intéressant, les principales péripéties qui ont marqué le voyage des passagers du « Gergovia. » Est-il possible, sans danger pour l'Europe, d'améliorer les pénibles conditions dans lesquelles les pèlerins sont placés pour accomplir ce qui leur est prescrit comme un devoir par leur loi religieuse ?

Une des premières questions dont on doive s'occuper est la réglementation des transports. L'espace, attribué jusqu'ici à chaque pèlerin sur un navire, était beaucoup trop restreint. Nous avons déjà dit pourquoi, quand nous avons donné la description du « Gergovia ». Et encore ce navire était-il un des plus grands qui aient, cette année 1893, transporté des Algériens à la Mecque, et celui, peut-être, sur lequel ils étaient le moins serrés. La dernière convention sanitaire vient d'ailleurs de résoudre cette question en décidant que, « en dehors de l'équipage, le navire doit fournir à chaque individu, quel que soit son âge, une surface d'au moins 2 mètres carrés, soit 1 mètre sur 2 mètres, avec une hauteur d'entrepont d'au moins $1^m,80$. » Les précédentes conventions n'attribuaient qu'un mètre carré, ou 9 pieds carrés, ce qui était encore moins. Cette mesure, en réduisant presque de moitié le nombre des passagers que sera autorisé à transporter chaque navire, permettra d'observer la prescription suivante : « Le pont doit, pendant la traversée, rester dégagé des objets encombrants ; il doit être réservé jour et nuit aux personnes embarquées et mis gratuitement à leur disposition. » Nous reprochons seulement à cet article de ne pas spécifier qu'il est interdit aux passagers de s'établir à demeure sur le pont et que celui-ci ne doit servir que de lieu de promenade, permettant de déblayer les entreponts pendant les soins de propreté.

Pour les latrines, nous désirerions les voir placées en dehors du navire, de manière à ce que les excréments tombent directement dans la mer. Nous avons vu cette disposition réalisée sur certains navires, grâce à des sortes de cabines en planches placées de chaque côté. Pour nous, c'est le système le plus pratique et le plus facile à tenir propre à l'aide de quelques jets d'eau.

Nous avons aussi critiqué l'installation de l'hôpital du « Gergovia. » Cet hôpital, situé à l'avant du navire, immédiatement sous le pont, n'était aéré que par un seul hublot, et par ses ouvertures dans le spardeck, sur lequel il empiétait. Pendant la traversée de retour, nous fûmes obligé de le faire évacuer, la malpropreté des Arabes en faisant un véritable foyer d'infection.

La dernière convention sanitaire donne d'excellents conseils sur les conditions que doit remplir l'infirmerie d'un navire à pèlerins : « Une infirmerie régulièrement installée, et offrant de bonnes conditions de sécurité et de salubrité, doit être réservée aux malades. Elle doit recevoir au moins 5 pour 100 de pèlerins embarqués, à raison de 3 mètres carrés par tête. » Cela est très bien. Seulement qu'entend-on par

« régulièrement installée »? Pourquoi ne pas ajouter : avec un personnel suffisant et proportionné au nombre des passagers ? En effet, que peut faire un médecin seul, avec les nombreux devoirs qui lui incombent, quand la maladie frappe plus ou moins gravement près de la moitié de ses passagers ? Combien de fois avons-nous déploré, surtout pendant les traversées de Djeddah à Yambo et de Yambo à Tor, l'impossibilité presque absolue dans laquelle nous nous trouvions de donner des soins à nos nombreux malades ? A bord, nous étions obligé d'être à la fois médecin, pharmacien et infirmier; impossible, pour nous aider, de distraire d'un équipage juste assez nombreux un homme que l'obligeance du commandant n'aurait pu, d'ailleurs, mettre que momentanément à notre disposition. Quant aux pèlerins, que nous avons essayé d'employer comme infirmiers, les services qu'ils nous ont rendus ont été presque nuls, l'Arabe étant paresseux naturellement et se désintéressant de tout ce qui ne le touche pas personnellement; l'appât du gain même n'a pu en amener aucun à nous seconder, du moins d'une manière efficace. Il nous semble donc que le texte de la convention aurait dû spécifier les conditions que doit remplir une infirmerie pour être « régulièrement installée ». En même temps, qu'elle fixe le nombre des médecins qui doivent être embarqués, à raison d'un par mille passagers, elle aurait pu aussi spécifier que chaque médecin devrait avoir, comme aides, au moins deux infirmiers intelligents et expérimentés. Si l'on considère les obligations que doit remplir un médecin à bord, on ne trouvera pas ces desiderata exagérés.

C'est aux autorités sanitaires des ports d'où partiront les navires transportant des pèlerins, qu'il appartiendra de prendre l'initiative nécessaire pour combler cette lacune. Les intérêts des Compagnies de navigation souffriront peut-être du surcroît de dépenses qu'occasionnera cette augmentation du personnel, mais cette considération est bien minime quand il s'agit de la santé de plusieurs centaines d'individus.

Nous avons parlé des inconvénients des nattes et des facilités qu'elles présentent pour la propagation des épidémies. La diminution du nombre des passagers que chaque navire sera autorisé à transporter permettra une installation plus confortable et plus conforme aux règles de l'hygiène. Il importe peu que le prix des transports soit augmenté. Nous trouvons que la concurrence que se font les diverses agences pour racoler les pèlerins, les empêche de tenir toutes leurs promesses. Les gouvernements que la question des pèlerinages intéresse, devraient mettre un terme à cette concurrence désastreuse pour tous, en fixant un prix minimum pour les transports de pèlerins. A cette condition seule, on pourra être sûr que tous les engagements seront tenus.

Voyons maintenant ce qui a été fait, tant pour empêcher l'importation par mer du choléra au Hedjaz, que pour en arrêter l'exportation quand il y a été constaté.

Les navires qui arrivent au Hedjaz viennent, soit du Nord par le canal de Suez, soit du Sud. Ceux qui viennent du Sud ont toujours été considérés comme les importateurs du choléra au Hedjaz. Ils transportent, en effet, des pèlerins originaires de pays, comme l'Inde, où le choléra existe à l'état endémique. Aussi a-t-on pris contre eux les mesures les plus rigoureuses. Voici ce que dit à leur sujet la convention de 1894:

« Les navires à pèlerins venant du sud et se rendant au Hedjaz devront au préalable faire escale à la station sanitaire de Camaran et seront soumis au régime ci-après :

» Les navires reconnus indemnes après visite médicale auront libre pratique, lorsque les opérations suivantes seront terminées :

» Les pèlerins seront débarqués ; ils prendront une douche-lavage ou un bain de mer ; leur linge sale, la partie de leurs effets à usage et de leurs bagages qui peut être suspecte, d'après l'appréciation de l'autorité sanitaire, seront désinfectés ; la durée de ces opérations, en y comprenant le débarquement et l'embarquement, ne devra pas dépasser 48 heures.

» Si aucun cas de choléra, de diarrhée ou accident choleriforme, n'est constaté pendant ces opérations, les pèlerins seront rembarqués immédiatement et le navire se dirigera vers le Hedjaz.

» Les navires suspects, c'est-à-dire ceux à bord desquels il y a eu des cas de choléra au moment du départ, mais aucun cas nouveau depuis sept jours, seront traités de la façon suivante : les pèlerins seront débarqués ; ils prendront une douche-lavage ou un bain de mer ; leur linge sale, la partie de leurs effets à usage et de leurs bagages qui peut être suspecte, d'après l'appréciation de l'autorité sanitaire, seront désinfectés. La durée de ces opérations, en y comprenant le débarquement et l'embarquement, ne devra pas dépasser 48 heures. Si aucun cas de choléra ou d'accident choleriforme n'est constaté pendant ces opérations, les pèlerins seront rembarqués immédiatement, et le navire sera dirigé sur Djeddah, où une seconde visite médicale aura lieu à bord. Si son résultat est favorable, et sur le vu de la déclaration écrite des médecins du bord certifiant, sous serment, qu'il n'y a pas eu de cas pendant la traversée, les pèlerins seront immédiatement débarqués.

» Si au contraire, le choléra ou des accidents choélriformes avaient été constatés pendant le voyage ou au moment de l'arrivée, le navire sera renvoyé à Camaran, où il subira le régime des navires infectés.

» Les navires infectés, c'est-à-dire ayant à bord des cas de choléra ou des accidents cholériformes, ou bien en ayant présenté depuis sept jours, subiront le régime suivant :

» Les personnes atteintes du choléra ou d'accidents cholériformes seront débarquées et isolées à l'hôpital. La désinfection sera pratiquée d'une façon complète. Les autres passagers seront débarqués et isolés par groupes, aussi peu nombreux que possible, de manière que l'ensemble ne soit pas solidaire d'un groupe particulier, si le choléra venait à s'y développer.

» Le linge sale, les objets à usage, les vêtements de l'équipage et des passagers seront désinfectés, ainsi que le navire.

» L'autorité sanitaire locale décidera si le déchargement des gros bagages et des marchandises est nécessaire, si le navire entier doit être désinfecté ou si une partie seulement du navire doit subir la désinfection.

» Les passagers resteront cinq jours à l'établissement de Camaran ; lorsque les cas de choléra remonteront à plusieurs jours, la durée de l'isolement devra être diminuée. Cette durée pourra varier selon l'époque de l'apparition du dernier cas et d'après la décision de l'autorité sanitaire.

» Le navire sera dirigé ensuite sur Djeddah, où une visite médicale rigoureuse aura lieu à bord. Si son résultat est favorable, les pèlerins seront débarqués. Si, au contraire, le choléra ou des accidents cholériformes s'étaient montrés à bord pendant le voyage ou au moment de l'arrivée, le navire sera renvoyé à Camaran, où il subira de nouveau le régime des navires infectés. »

Pour les navires venant du Nord, « si la présence du choléra n'est pas constatée dans le port de départ, ni dans ses environs, et aucun accident cholérique ne s'étant produit pendant la traversée, le navire est immédiatement admis à la libre pratique.

» Si la présence du choléra est constatée dans le port de départ ou dans ses environs, ou si un accident cholériforme s'est produit pendant la traversée, le navire sera soumis à Djebel-Tor aux règles instituées pour les navires qui viennent du Sud et qui s'arrêtent à Camaran. »

Ces mesures, si rigoureuses qu'elles soient, empêcheront-elles l'éclosion du choléra au Hedjaz ? Nous ne le croyons pas. En 1893, alors que l'on prévoyait une affluence de pèlerins beaucoup plus grande que les années précédentes, l'examen des navires venant des Indes fut pratiqué avec le plus grand soin. Tous restèrent pendant quelques jours en observation à Camaran. On refusa impitoyablement à Djeddah ceux qui ne paraissaient pas complètement indemnes, et, malgré ces précautions, le choléra éclata à la Mecque. A moins de croire à l'inefficacité des mesures sanitaires ainsi appliquées, on ne peut admettre qu'il y ait été importé par mer.

Pourquoi ne pas considérer la Mecque même comme le foyer du fléau ? Les épidémies précédentes qui avaient été importées ont dû laisser des germes qui n'attendaient que l'occasion favorable pour reprendre une virulence nouvelle.

Cette occasion a été fournie par le pèlerinage qui a amené une multitude d'individus de tous les âges, la plupart déjà exténués par les fatigues d'un long voyage, tant par terre que sur mer.

La seule mesure véritablement efficace consisterait dans l'assainissement de cette ville visitée tous les ans par l'épidé mie. Le choléra n'y est-il pas maintenant à l'état endémique, et, s'il n'en est question qu'à l'époque des pèlerinages, n'est-ce pas seulement parce qu'alors il prend des proportions formidables? Sait-on bien tout ce qui se passe au point de vue sanitaire, pendant le reste de l'année, dans cette ville sainte des Musulmans, fermée aux infidèles, et dont les habitants vivent, pour la plupart, de l'argent que leur laissent les pèlerins?

Pour nous, toutes les quarantaines et désinfections que l'on fera subir aux navires avant le débarquement de leurs passagers au Hedjaz arrêteront peut-être l'importation du choléra dans cette contrée, mais elles n'en empêcheront pas l'explosion à la Mecque, puisqu'il y est déjà quand les pèlerins arrivent. C'est donc là qu'il faut le combattre, ce qui ne pourra se faire avec chances de succès que lorsque l'accès de la Mecque sera permis, nous ne demandons pas à tous les Européens, mais à des commissions sanitaires qui attaqueront le mal dans sa racine, en procédant à l'assainissement de la ville et en faisant appliquer, pendant les épidémies, les mesures employées dans les autres pays.

Avant d'entrer à Djeddah, les pèlerins qui reviennent de la Mecque sont soumis à une inspection médicale. Nous avons déjà donné notre opinion sur la manière dont s'opérait cette inspection et sur son utilité. Les faits nous ont malheureusement donné raison, puisque, moins de vingt-quatre heures après l'arrivée des premiers pèlerins, des cas de choléra étaient constatés en ville.

Quant à la station sanitaire de Djebel-Tor, elle a son utilité, non par suite de la désinfection qui y est pratiquée, mais plutôt parce que le fléau s'y éteint faute d'aliments, les plus âgés, les plus fatigués ayant payé leur tribut à la mortalité. C'est une station d'élimination, qui évite aux navires un trop long trajet avec des passagers contaminés. Voilà tout l'avantage que nous lui reconnaissons, car nous n'approuvons pas la réunion de plusieurs milliers d'individus dans un même Lazaret: une quarantaine n'a évidemment d'effet réel que si les mesures sanitaires peuvent être appliquées dans toute leur rigueur, ce qui ne peut se faire quand le nombre des gens qui y sont soumis n'est plus en rapport avec les moyens dont dispose la station sanitaire.

Enfin pourquoi les navires quittant Tor, après une quarantaine déjà trop longue, ne sont-ils pas admis à la libre pratique en Egypte, dont une traversée de quelques heures seulement les sépare? Nous ne sommes donc pas seul à ne pas considérer comme suffisantes les garanties qu'offrent le séjour au Lazaret et les désinfections qui y sont pratiquées.

Nous n'insistons pas sur cet illogisme assez évident par lui-même. Pour terminer, nous dirons seulement que, pour nous, les seules mesures qui seront efficaces, tout en restant humaines, seront celles que l'on prendra directement à la Mecque et au Hedjaz. La principale de ces mesures doit être l'établissement, à la Mecque même, d'un conseil sanitaire international qui aura la haute direction pendant toute la durée des pèlerinages. Nous croyons que le seul obstacle à cette création est l'hostilité des autorités religieuses qui redoutent peut-être d'avoir auprès d'elle des témoins gênants. C'est une considération à laquelle les gouvernements européens ont le devoir de ne pas s'arrêter, et une pression collective et énergique arriverait sûrement à faire adopter, par la Porte Ottomane, la seule mesure qui, nous le répétons, donnerait aux pèlerinages l'innocuité qu'ils devraient avoir.

TABLE DES MATIERES

	Pages.
Avant-propos	IX
CHAPITRE I. — De l'Algérie au Hedjaz	1
I. Le navire	1
II. Les pèlerins	4
III. De Philippeville à Djeddah	7
CHAPITRE II. — Le pèlerinage	13
I. Djeddah et la Mecque	13
II. Yambo et Médine	20
CHAPITRE III. — Le retour	25
I. Au Lazaret de Djebel-Tor	25
II. De Djebel-Tor au cap Matifou	32
CHAPITRE IV. — Quelques considérations sur les mesures sanitaires	36

398

www.ingramcontent.com/pod-product-compliance
Lightning Source LLC
LaVergne TN
LVHW021733080426
835510LV00010B/1231